BEST MEMORIES FÜR BESTIES

Diese Buch gehört

....

“FREUNDSCHAFT,
DAS IST EINE
SEELE
IN ZWEI KÖRPERN.”

– Aristoteles

Impressum

Herausgeber:
Irina Dück
Firma: Dück Publishing
Wilhelm-Dutt-Str. 13
74635 Kupferzell

ISBN: 978-3-9824764-9-0

Bildnachweis: Canva.com wurde für die Erstellung der Bilder verwendet.

Druck: Amazon Deutschland oder Partner

Der Druck erfolgt in chlorfreier Tinte und das säurefreie Papier für den Innenteil des Buches wird von einem Anbieter mit Forest Stewardship Council-Zertifizierung bezogen. Alle Abfälle, die beim Drucken entstehen und sich im Büroalltag anfallen, werden ordentlich recycelt und verwertet. Zudem werden in der Zukunft weiterhin Prozesse stattfinden, um die Umweltfreundlichkeit zu versichern. Damit verpflichtet sich der Druckpartner Amazon und seine Partner dazu, seinen Teil zum Umweltschutz beizutragen.

Wir haben uns bewusst für den Druck durch Amazon entschieden - denn so werden nur, die Bücher angefertigt, die auch benötigt werden. Unser Verlag verzichtet zudem auf überflüssigen Schriftverkehr und wickelt alle Prozesse digital ab. Dies spart Ressourcen und schont die Umwelt!

ISBN: 978-3-9824764-9-0

Inhaltsverzeichnis

UNTERNEHMUNGEN

- [ ] Picknick im Park 1
- [ ] Besuch im Escape room 2
- [ ] Besuch im botanischen Garten 3
- [ ] Fotoshooting 4
- [ ] Zoo-Besuch 5
- [ ] Ein Tag am Strand 6
- [ ] Grill-Tag 7
- [ ] Besuch im Freizeitpark 8
- [ ] Marshmallows am Lagerfeuer 9
- [ ] Auto-Kino 10
- [ ] Live-Konzert 11
- [ ] Töpfern Kurs 12
- [ ] Kostümparty 13
- [ ] Großstadt Tour 14
- [ ] Wellnes Tag 15
- [ ] Weihnachtsmarkt 16
- [ ] Silvester-Party 17
- [ ] Saunabesuch 18
- [ ] Shopping Tour 19
- [ ] Luxus-Auto mieten und Probefahren 20
- [ ] Massage buchen 21
- [ ] Schifffahrt machen 22
- [ ] Spenden sammeln und Spenden 23

Inhaltsverzeichnis

HOME

- [ ] Videospiele Zocken 24
- [ ] Kerzen Selfmade 25
- [ ] Puzzle-Tag 26
- [ ] Schokofondue-Abend 27
- [ ] Raclette-Abend 28
- [ ] Brettspiel-Abend 29
- [ ] Halloween Kürbis ausschneiden 30
- [ ] Horrorfilm-Abend 31
- [ ] Weißes Shirt ausmalen 32
- [ ] Sternenhimmel beobachten 33
- [ ] Gemeinsames Kochen 34
- [ ] Karaoke Abend 35
- [ ] DIY Bastel-Tag 36
- [ ] Weihnachtsplätzchen Backen 37

BEWEGUNG

- [ ] Sport-Tag 38
- [ ] Wandern 39
- [ ] Poledance Kurs 40
- [ ] Ski fahren 41
- [ ] Schlittschuhlaufen 42
- [ ] Yoga im Freien 43
- [ ] Gartenarbeits-Tag 44
- [ ] Kletter-Park 45
- [ ] Eure persönlichen Memories 46

Ein Picknick im Park

Datum

....

Ort

....

Besondere Erinnerung an diesem Tag

....

....

....

....

....

Bewertung: ♡♡♡♡♡

Hier Euer Erinnerungs-Foto

10x15cm oder 4x6 Zoll

Besuch im Escape Room

Datum

....

Ort

....

Besondere Erinnerung an diesem Tag

....

....

....

....

....

Bewertung: ♡♡♡♡♡

Hier Euer Erinnerungs-Foto

10x15cm oder 4x6 Zoll

Besuch im Botanischen Garten

Datum

....

Ort

....

Besondere Erinnerung an diesem Tag

....

....

....

....

....

Bewertung: ♡♡♡♡♡

Hier Euer Erinnerungs-Foto

10x15cm oder 4x6 Zoll

Fotoshooting

Datum

....

Ort

....

Besondere Erinnerung an diesem Tag

....

....

....

....

....

Bewertung: ♡♡♡♡♡

Hier Euer Erinnerungs-Foto

10x15cm oder 4x6 Zoll

Zoo-Besuch

Datum

Ort

Besondere Erinnerung an diesem Tag

Bewertung:

Hier Euer Erinnerungs-Foto

10x15cm oder 4x6 Zoll

MEMORY-TAGEBUCH

Was war eurer Meinung nach das Verrückteste was ihr je zusammen gemacht habt?

“FREUNDSCHAFT IST, WENN MAN BEIM WIEDERSEHEN GENAU DA WEITERMACHT, WO MAN AUFGEHÖRT HAT.”

– Unbekannt

Ein Tag am Strand

Datum

....

Ort

....

Besondere Erinnerung an diesem Tag

....

....

....

....

....

Bewertung: ♡♡♡♡♡

Hier Euer Erinnerungs-Foto

10x15cm oder 4x6 Zoll

Grill-Tag

Datum

....

Ort

....

Besondere Erinnerung an diesem Tag

....

....

....

....

....

Bewertung: ♡♡♡♡♡

Hier Euer Erinnerungs-Foto

10x15cm oder 4x6 Zoll

Besuch im Freizeit-Park

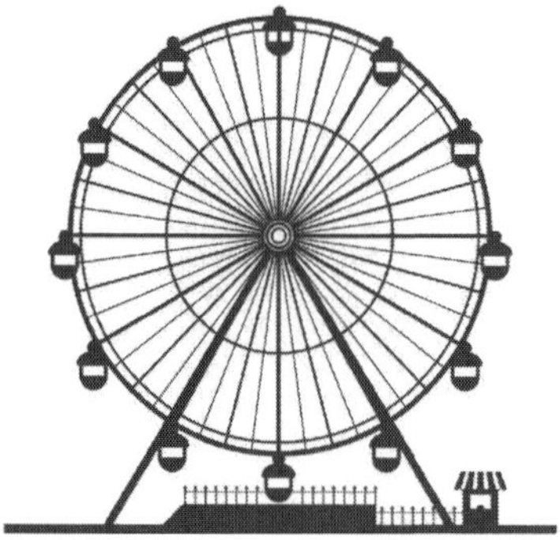

Datum

....

Ort

....

Besondere Erinnerung an diesem Tag

....

....

....

....

....

Bewertung: ♡♡♡♡♡

Hier Euer Erinnerungs-Foto

10x15cm oder 4x6 Zoll

Marshmallows am Lagerfeuer

Datum

....

Ort

....

Besondere Erinnerung an diesem Tag

....

....

....

....

....

Bewertung: ♡♡♡♡♡

Hier Euer Erinnerungs-Foto

10x15cm oder 4x6 Zoll

Auto-Kino

Datum

....

Ort

....

Besondere Erinnerung an diesem Tag

....

....

....

....

....

Bewertung: 

Hier Euer Erinnerungs-Foto

10x15cm oder 4x6 Zoll

MEMORY-TAGEBUCH

Ausdruck Eurer Wertschätzung.
Schreibt hier eine Sache auf, die ihr aneinander mögt.

"EINE WAHRE FREUNDIN IST DIE, DIE DEINE HAND NIMMT UND DEIN HERZ BERÜHRT."

– Gabriel García Márquez

Live-Konzert

Datum

....

Ort

....

Besondere Erinnerung an diesem Tag

....

....

....

....

....

Bewertung: ♡♡♡♡♡

Hier Euer Erinnerungs-Foto

10x15cm oder 4x6 Zoll

Töpfern Kurs

Datum

....

Ort

....

Besondere Erinnerung an diesem Tag

....

....

....

....

....

Bewertung: ♡♡♡♡♡

Hier Euer Erinnerungs-Foto

10x15cm oder 4x6 Zoll

Kostümparty

Datum

....

Ort

....

Besondere Erinnerung an diesem Tag

....

....

....

....

....

Bewertung: ♡♡♡♡♡

Hier Euer Erinnerungs-Foto

10x15cm oder 4x6 Zoll

Großstadt Tour

Datum

....

Ort

....

Besondere Erinnerung an diesem Tag

....

....

....

....

....

Bewertung: ♡♡♡♡♡

Hier Euer Erinnerungs-Foto

10x15cm oder 4x6 Zoll

Wellness-Tag

Datum

....

Ort

....

Besondere Erinnerung an diesem Tag

....

....

....

....

....

Bewertung: ♡♡♡♡♡

Hier Euer Erinnerungs-Foto

10x15cm oder 4x6 Zoll

MEMORY-TAGEBUCH

Was ist der aller lustigste Moment, den ihr zusammen hattet?

“GUTE FREUNDE
SIND WIE STERNE.
DU KANNST SIE
NICHT IMMER
SEHEN, ABER DU
WEISST, DASS SIE
IMMER DA SIND.”

– Unbekannt

Weihnachtsmarkt

Datum

....

Ort

....

Besondere Erinnerung an diesem Tag

....

....

....

....

....

Bewertung: ♡♡♡♡♡

Hier Euer Erinnerungs-Foto

10x15cm oder 4x6 Zoll

Silvester-Party

Datum

....

Ort

....

Besondere Erinnerung an diesem Tag

....

....

....

....

....

Bewertung: ♡♡♡♡♡

Hier Euer Erinnerungs-Foto

10x15cm oder 4x6 Zoll

Sauna Besuch

Datum

....

Ort

....

Besondere Erinnerung an diesem Tag

....

....

....

....

....

Bewertung: ♡ ♡ ♡ ♡ ♡

Hier Euer Erinnerungs-Foto

10x15cm oder 4x6 Zoll

Shopping Tour

Datum

....

Ort

....

Besondere Erinnerung an diesem Tag

....

....

....

....

....

Bewertung: ♡♡♡♡♡

Hier Euer Erinnerungs-Foto

10x15cm oder 4x6 Zoll

Luxus-Auto mieten und Probefahren

Datum

....

Ort

....

Besondere Erinnerung an diesem Tag

....

....

....

....

....

Bewertung: ♡♡♡♡♡

Hier Euer Erinnerungs-Foto

10x15cm oder 4x6 Zoll

MEMORY-TAGEBUCH

Was ist der traurigste oder frustrierendste Moment, den ihr zusammen erlebt habt?

“EIN FREUND IST JEMAND, DER ALLES VON DIR WEISS UND DICH TROTZDEM LIEBT.”

– Elbert Hubbard

Massage buchen

Datum

....

Ort

....

Besondere Erinnerung an diesem Tag

....

....

....

....

....

Bewertung: ♡♡♡♡♡

Hier Euer Erinnerungs-Foto

10x15cm oder 4x6 Zoll

Schifffahrt machen

Datum

....

Ort

....

Besondere Erinnerung an diesem Tag

....

....

....

....

....

Bewertung: ♡♡♡♡♡

Hier Euer Erinnerungs-Foto

10x15cm oder 4x6 Zoll

Spenden sammeln und Spenden ;)

Datum

....

Ort

....

Besondere Erinnerung an diesem Tag

....

....

....

....

....

Bewertung: ♡♡♡♡♡

Hier Euer Erinnerungs-Foto

10x15cm oder 4x6 Zoll

Videospiele zocken

Datum

....

Ort

....

Besondere Erinnerung an diesem Tag

....

....

....

....

....

Bewertung: ♡♡♡♡♡

Hier Euer Erinnerungs-Foto

10x15cm oder 4x6 Zoll

Kerzen Selfmade

Datum

....

Ort

....

Besondere Erinnerung an diesem Tag

....

....

....

....

....

Bewertung: ♡♡♡♡♡

Hier Euer Erinnerungs-Foto

10x15cm oder 4x6 Zoll

MEMORY-TAGEBUCH

In welcher Situation hattet ihr euch mal so richtig erschrocken oder Angst gehabt?

....

....

....

....

....

....

....

....

....

....

....

....

....

....

....

"FREUNDE SIND
DIE FAMILIE,
DIE WIR UNS
SELBST
AUSSUCHEN."

– Edna Buchanan

Puzzle-Tag

Datum

....

Ort

....

Besondere Erinnerung an diesem Tag

....

....

....

....

....

Bewertung: ♡♡♡♡♡

Hier Euer Erinnerungs-Foto

10x15cm oder 4x6 Zoll

Schokofondue-Abend

Datum

....

Ort

....

Besondere Erinnerung an diesem Tag

....

....

....

....

....

Bewertung: ♡♡♡♡♡

Hier Euer Erinnerungs-Foto

10x15cm oder 4x6 Zoll

Raclette-Abend

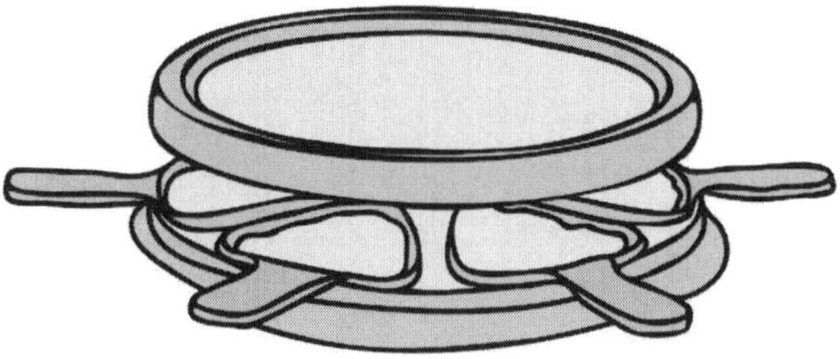

Datum

....

Ort

....

Besondere Erinnerung an diesem Tag

....

....

....

....

....

Bewertung: ♡♡♡♡♡

Hier Euer Erinnerungs-Foto

10x15cm oder 4x6 Zoll

Brettspiel-Abend

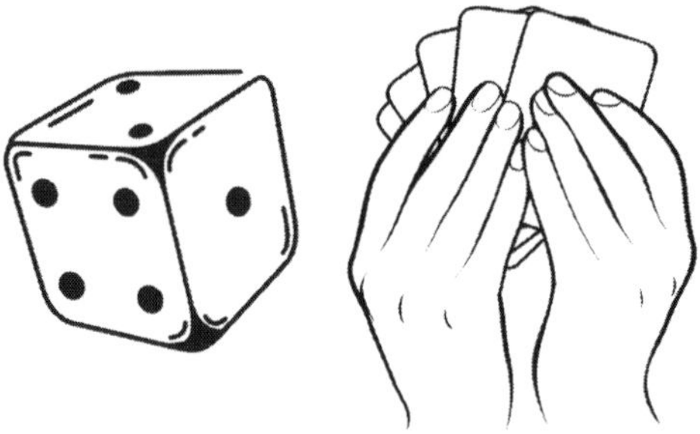

Datum

....

Ort

....

Besondere Erinnerung an diesem Tag

....

....

....

....

....

Bewertung: ♡♡♡♡♡

Hier Euer Erinnerungs-Foto

10x15cm oder 4x6 Zoll

Halloween-Kürbis ausschneiden

Datum

....

Ort

....

Besondere Erinnerung an diesem Tag

....

....

....

....

....

Bewertung: ♡♡♡♡♡

Hier Euer Erinnerungs-Foto

10x15cm oder 4x6 Zoll

MEMORY-TAGEBUCH

Schreibt eine Sache auf, die ihr gerne voneinander klauen würdet?

“WAHRE FREUNDSCHAFT KOMMT, WENN DAS SCHWEIGEN ZWISCHEN ZWEI MENSCHEN ANGENEHM IST.”

– David Tyson Gentry

Horrorfilm-Abend

Datum

....

Ort

....

Besondere Erinnerung an diesem Tag

....

....

....

....

....

Bewertung:

Hier Euer Erinnerungs-Foto

10x15cm oder 4x6 Zoll

Weißes Shirt Ausmalen

Datum

....

Ort

....

Besondere Erinnerung an diesem Tag

....

....

....

....

....

Bewertung:

Hier Euer Erinnerungs-Foto

10x15cm oder 4x6 Zoll

Sternenhimmel beobachten

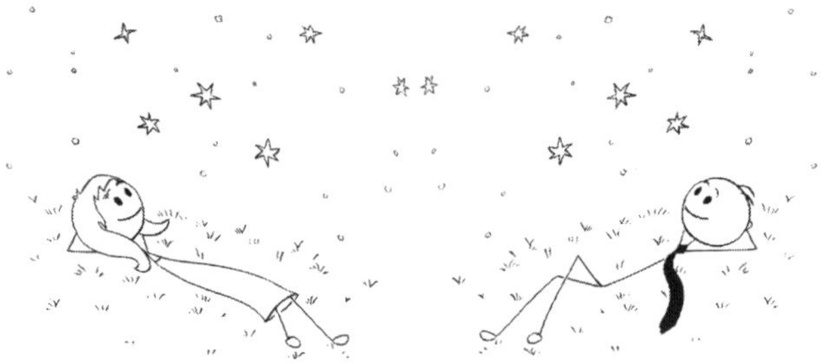

Datum

....

Ort

....

Besondere Erinnerung an diesem Tag

....

....

....

....

....

Bewertung: ♡♡♡♡♡

Hier Euer Erinnerungs-Foto

10x15cm oder 4x6 Zoll

Gemeinsames Kochen

Datum

....

Ort

....

Besondere Erinnerung an diesem Tag

....

....

....

....

....

Bewertung: ♡♡♡♡♡

Hier Euer Erinnerungs-Foto

10x15cm oder 4x6 Zoll

Karaoke Abend

Datum

....

Ort

....

Besondere Erinnerung an diesem Tag

....

....

....

....

....

Bewertung: ♡♡♡♡♡

Hier Euer Erinnerungs-Foto

10x15cm oder 4x6 Zoll

MEMORY-TAGEBUCH

Was war der aller peinlichste Moment, den ihr zusammen erlebt habt?

....

....

....

....

....

....

....

....

....

....

....

....

....

....

....

"FREUNDSCHAFT
VERDOPPELT
UNSERE FREUDE
UND TEILT UNSEREN
SCHMERZ".

– Marcus Tullius Cicero

DIY Bastel-Tag

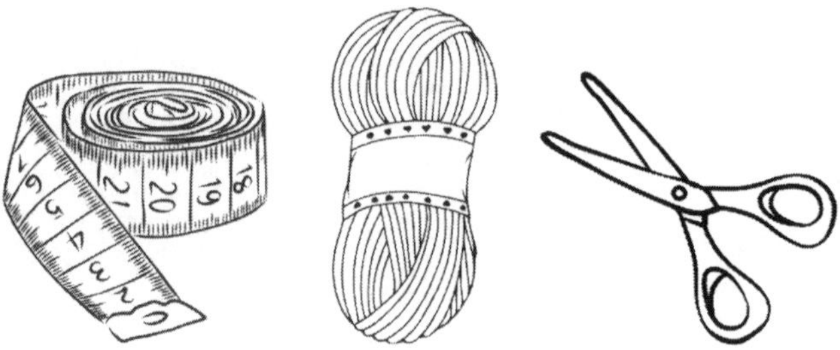

Datum

....

Ort

....

Besondere Erinnerung an diesem Tag

....

....

....

....

....

Bewertung: ♡♡♡♡♡

Hier Euer Erinnerungs-Foto

10x15cm oder 4x6 Zoll

Weihnachtsplätzchen Backen

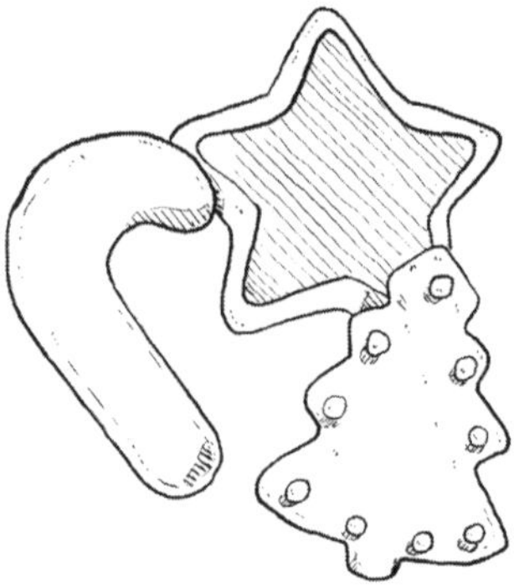

Datum

....

Ort

....

Besondere Erinnerung an diesem Tag

....

....

....

....

....

Bewertung: ♡♡♡♡♡

Hier Euer Erinnerungs-Foto

10x15cm oder 4x6 Zoll

Sport-Tag

Datum

....

Ort

....

Besondere Erinnerung an diesem Tag

....

....

....

....

....

Bewertung: ♡♡♡♡♡

Hier Euer Erinnerungs-Foto

10x15cm oder 4x6 Zoll

Wandern

Datum

....

Ort

....

Besondere Erinnerung an diesem Tag

....

....

....

....

....

Bewertung: ♡♡♡♡♡

Hier Euer Erinnerungs-Foto

10x15cm oder 4x6 Zoll

Poledance Kurs

Datum

....

Ort

....

Besondere Erinnerung an diesem Tag

....

....

....

....

....

Bewertung: ♡♡♡♡♡

Hier Euer Erinnerungs-Foto

10x15cm oder 4x6 Zoll

MEMORY-TAGEBUCH

Schreibt die charakterlichen Eigenschaften auf, die euch von einander unterscheiden?

....

....

....

....

....

....

....

....

....

....

....

....

....

....

....

"FREUNDE SIND WIE WÄNDE. MAN KANN SICH AN SIE LEHNEN, UND MANCHMAL IST ES EINFACH GUT ZU WISSEN, DASS SIE DA SIND."

– Unbekannt

Ski fahren

Datum

....

Ort

....

Besondere Erinnerung an diesem Tag

....

....

....

....

....

Bewertung: ♡♡♡♡♡

Hier Euer Erinnerungs-Foto

10x15cm oder 4x6 Zoll

Schlittschuhlaufen

Datum

....

Ort

....

Besondere Erinnerung an diesem Tag

....

....

....

....

....

Bewertung: ♡♡♡♡♡

Hier Euer Erinnerungs-Foto

10x15cm oder 4x6 Zoll

Yoga im Freien

Datum

....

Ort

....

Besondere Erinnerung an diesem Tag

....

....

....

....

....

Bewertung: ♡♡♡♡♡

Hier Euer Erinnerungs-Foto

10x15cm oder 4x6 Zoll

Gartenarbeits-Tag

Datum

....

Ort

....

Besondere Erinnerung an diesem Tag

....

....

....

....

....

Bewertung: ♡♡♡♡♡

Hier Euer Erinnerungs-Foto

10x15cm oder 4x6 Zoll

Kletter-Park

Datum

....

Ort

....

Besondere Erinnerung an diesem Tag

....

....

....

....

....

Bewertung: ♡♡♡♡♡

Hier Euer Erinnerungs-Foto

10x15cm oder 4x6 Zoll

MEMORY-TAGEBUCH

Macht eine Vorhersage wo ihr euch gegenseitig in 10 Jahren seht und schreibt sie hier auf.

FREUNDSCHAFT
IST WIE EIN BAUM.
ES ZÄHLT NICHT,
WIE HOCH ER IST,
SONDERN WIE TIEF
SEINE WURZELN
REICHEN.

– Unbekannt

EURE PERSÖNLICHEN MEMORIES

Auf den folgenden Seiten könnt ihr weitere Erinnerungen festhalten und die Bennenung passend peronalisieren.

Titel der Erinnerung

....

Datum

....

Ort

....

Besondere Erinnerung an diesem Tag

....

....

....

....

....

Bewertung: ♡♡♡♡♡

Hier Euer Erinnerungs-Foto

10x15cm oder 4x6 Zoll

Titel der Erinnerung

....

Datum

....

Ort

....

Besondere Erinnerung an diesem Tag

....

....

....

....

....

Bewertung: ♡♡♡♡♡

Hier Euer Erinnerungs-Foto

10x15cm oder 4x6 Zoll

Titel der Erinnerung

....

Datum

....

Ort

....

Besondere Erinnerung an diesem Tag

....

....

....

....

....

Bewertung: ♡♡♡♡♡

Hier Euer Erinnerungs-Foto

10x15cm oder 4x6 Zoll

Titel der Erinnerung

....

Datum

....

Ort

....

Besondere Erinnerung an diesem Tag

....

....

....

....

....

Bewertung: ♡♡♡♡♡

Hier Euer Erinnerungs-Foto

10x15cm oder 4x6 Zoll

Titel der Erinnerung

....

Datum

....

Ort

....

Besondere Erinnerung an diesem Tag

....

....

....

....

....

Bewertung: ♡♡♡♡♡

Hier Euer Erinnerungs-Foto

10x15cm oder 4x6 Zoll

Titel der Erinnerung

....

Datum

....

Ort

....

Besondere Erinnerung an diesem Tag

....

....

....

....

....

Bewertung: ♡♡♡♡♡

Hier Euer Erinnerungs-Foto

10x15cm oder 4x6 Zoll

Titel der Erinnerung

....

Datum

....

Ort

....

Besondere Erinnerung an diesem Tag

....

....

....

....

....

Bewertung: ♡♡♡♡♡

Hier Euer Erinnerungs-Foto

10x15cm oder 4x6 Zoll

Titel der Erinnerung

....

Datum

....

Ort

....

Besondere Erinnerung an diesem Tag

....

....

....

....

....

Bewertung: ♡♡♡♡♡

Hier Euer Erinnerungs-Foto

10x15cm oder 4x6 Zoll

Titel der Erinnerung

....

Datum

....

Ort

....

Besondere Erinnerung an diesem Tag

....

....

....

....

....

Bewertung: ♡♡♡♡♡

Hier Euer Erinnerungs-Foto

10x15cm oder 4x6 Zoll

Titel der Erinnerung

....

Datum

....

Ort

....

Besondere Erinnerung an diesem Tag

....

....

....

....

....

Bewertung: ♡♡♡♡♡

Hier Euer Erinnerungs-Foto

10x15cm oder 4x6 Zoll

BEST MEMORIES
FÜR BESTIES

Vielen Dank, für den Kauf dieses Buches!

Wir hoffen, dass es für dich ein wertvolles Erlebnis war dieses Buch mit deinen Erinnerungen zu füllen.

Wir würden uns sehr freuen wenn du uns dein Feedback in einer Rezension auf Amazon geben könntest. Dies hilft uns wirklich sehr, unsere Produkte besser zu gestalten.

Im Voraus, bedanken wir uns bei dir für dein Feedback!

Verbesserungsvorschläge und Wünsche gerne auch unter:
dueck.publishing@t-online.de

Beste Grüße,

Irina Dück (Dück Publishing)

Dück
PUBLISHING

Printed in Poland
by Amazon Fulfillment
Poland Sp. z o.o., Wrocław

39004686R00078